Mi Increíble Serie de Comportamiento Para Niños Pequeños

No Toco A Nadie.
¡Sé Mis LÍMITES!

Un Libro Con Afirmaciones Para Peques
Sobre Respetar Los Límites (2 a 4 Años)

Par
Suzanne T. Christian

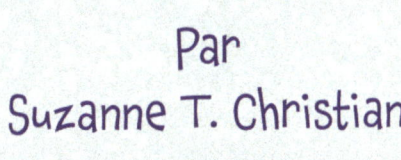

TWORAVENS
BOOKS

ISBN de la edición en tapa blanda: 9781968080853
ISBN de la edición en tapa dura: 9781968080860
ISBN de la edición digital: 9781968080877

Publicado en los Estados Unidos por Two Ravens Books LLC,
254 Chapman Rd, Ste 209, Newark DE 19702

'Ampliando mentes, liberando imaginaciones, una obra a la vez'.
www.tworavensbooks.com

Bienvenido a
No Toco A Nadie. ¡Sé Mis Límites!

Este libro está lleno de frases divertidas y motivadoras pensadas especialmente para los más pequeños. Al leer estas páginas juntos, tu pequeño aprenderá lo importante que es respetar el espacio personal y los límites, y también a entender sus necesidades.

Cada página presenta dibujos coloridos y situaciones cotidianas que ayudan a reforzar el buen comportamiento poco a poco. Si lo leen cada noche, verás cómo tu pequeño va descubriendo y entendiendo mejor los límites con la repetición, ¡un elemento clave en el aprendizaje de los niños!

¡Prepárate para una aventura de conciencia de sí mismo, respeto y mucha diversión junto a tu peque!

Suzanne T. Christian

Mis manos son mías,
¡y eso está muy bien!

Choco los cinco
con alegría,
pero siempre
pregunto primero.

Cuando necesito espacio, digo:
"¡Para, por favor!"

¡Me encantan los abrazos, pero siempre pregunto antes!

A veces, todos queremos un poquito de espacio.

En la fila, no toco,
mis manitas se
quedan quietas
a mis lados.

Antes de unirme al juego,
pregunto:
"¿yo también puedo jugar?"

¡Salto de alegría cuando estoy feliz, pero en mi propio espacio!

Si un amigo
necesita espacio,
doy un pasito atrás.

¡Mis manitas son para saludar, aplaudir y chocar los cinco!

Si quiero sentarme cerca, pregunto:
"¿Puedo estar aquí?"

Compartir es divertido, pero siempre pregunto primero: "¿Podemos compartir?"

Puedo estar cerca,
¡pero no demasiado!
¡Sé mis límites!

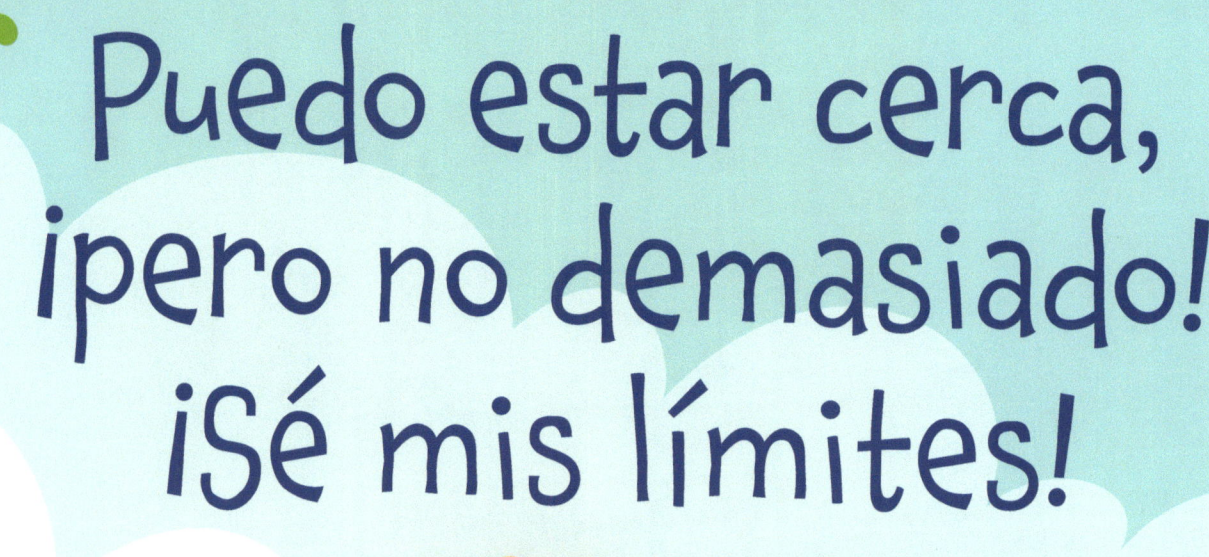

¡Sí!

Cuando pregunto,
a veces me dicen **"sí"**,
y a veces **"no"**,
y eso está bien.

Para significa
¡PARA!

Puedo jugar y al mismo tiempo darle espacio a los demás, ¡qué bien!

Soy amable
cuando les doy espacio
a mis amigos.

"¡Por favor, no toques!"
nos mantiene seguros
a mí y a mis amigos.

Cuando espero en la fila, no toco a nadie, ¡es mi poder secreto!

¡Respeto mi espacio y respeto el tuyo también!

No toco a nadie.

¡Sé mis LÍMITES!

¡Fin!

Mi Increíble Serie de Comportamiento
Para
Niños Pequeños

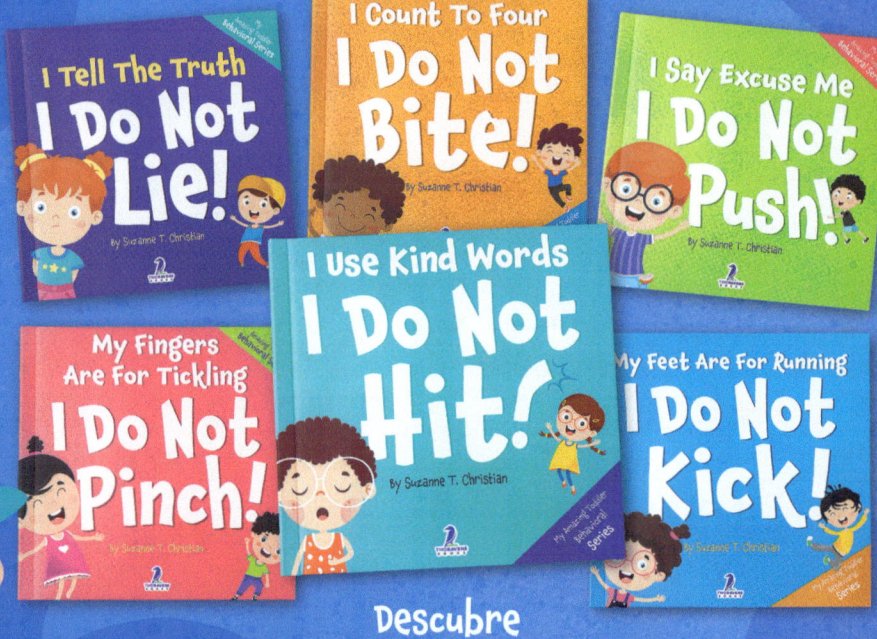

Descubre
la querida serie de Suzanne T. Christian
'Mi Increíble Serie de Comportamiento
Para Niños Pequeños.'
¡Los pequeños lectores seguramente la disfrutarán!

Two Little Ravens
CHILDREN'S NON-FICTION BOOKS

Querido y Maravilloso Lector:

Qué alegría que estés aquí, acompañándome en **"No Toco A Nadie. ¡Sé Mis Límites!"** Muchas gracias por sumergirte en esta aventura. Si este libro tocó tu corazón o marcó una diferencia para un pequeño lector, te invito a compartir tus opiniones en una reseña. Tus palabras no solo me inspiran para mi trabajo futuro, sino que también ayudan a otros a descubrir la magia de estas páginas.

Si tienes ideas o sugerencias para hacer este libro aún más especial, ¡me encantaría escucharlas! Escríbeme a **suzanne.christian@tworavensbooks.com.** Tu opinión es muy importante para mí y la valoro muchísimo.

Con cariño y gratitud,